tú eres un milagro

de

SIMONA SEMENIČ

Edición y traducción de
Santiago Martín

PUBLICACIONES DE LA ASOCIACIÓN DE
DIRECTORAS Y DIRECTORES DE ESCENA DE ESPAÑA

PUBLICACIONES DE LA ASOCIACIÓN DE
DIRECTORAS Y DIRECTORES DE ESCENA DE ESPAÑA

Dirección editorial: Carlos Rodríguez Alonso y Manuel F. Vieites

Título original: *ti si čudež*
© Simona Semenič
© De la introducción y la traducción: Santiago Martín
© de la presente edición:
  ASOCIACIÓN DE DIRECTORES DE ESCENA DE ESPAÑA

Primera edición: Septiembre, 2025

La traducción de esta obra ha contado con el
apoyo de la Agencia Eslovena del Libro.
La publicación de este libro se realiza con el
apoyo de la Agencia Eslovena del Libro.

Publicaciones de la ADE
Serie: Literatura Dramática, nº 127

Paseo del Rey, 10, bajo A. 28008 Madrid (España)
http:// www.adeteatro.com
correo electrónico: redaccion@adeteatro.com

Diseño de la colección: Tomás Adrián
ISBN: 978-84-17189-64-8
Depósito legal: M-18682-2025
Imprime: Safekat S.L.
Impreso en España

tú eres un milagro

de

SIMONA SEMENIČ

Edición y traducción de
Santiago Martín

Buscando un amor a la carta: enamorarse es proyectar sobre un lienzo

por Santiago Martín

> *No quiero más dramas en mi vida,*
> *solo comedias entretenidas.*
> (Fangoria, *Dramas y comedias*, 2013)

La autora eslovena Simona Semenič (1975) nace en Postojna, ciudad situada en el noroeste de Eslovenia, conocida por su Cueva de Postojna (con más de (20 km de longitud) y el Castillo Predjama, del siglo XIII, ubicado en la boca de una cueva. La joven Simona crece en Ajdovščina, localidad del Valle de Vipava, y estudia en Liubliana, capital del país, donde se gradúa en Dirección Escénica y Dramaturgia por la Academia de Teatro, Radio, Cine y Televisión de Liubliana. Simona Semenič, además de ser actriz y dramaturga, también enseña escritura teatral en talleres, tanto fuera como dentro de Eslovenia. Por su obra, ella ha recibido numerosos premios, como el prestigioso Premio Prešeren.[1] Otros: el Premio Pájaro Azul[2] y el Premio Pera de Oro[3], por su novela juvenil de corte detectivesco *Skrivno društvo KRVZ* (*Sociedad secreta KRVZ,* 2020), el Premio Cankar[4], y tres Premios Grum[5] por sus

[1] El Premio Prešeren debe su nombre al poeta romántico esloveno France Prešeren (3.12.1800- 8.2.1849), uno de los padres de la literatura eslovena. Desde 1947, este premio se ha convertido en el premio esloveno más prestigioso de la creación artística. Suele fallarse cada año el día 8 de febrero, aniversario de la muerte del poeta. El 8 de febrero también es un día festivo dedicado a la cultura del país.

[2] Desde 2012, premio del grupo editorial más importante de Eslovenia: Mladinska knjiga.

[3] Desde 2004, un premio concedido por el Centro Pionero de Literatura Juvenil y Biblioteconomía de Liubliana.

[4] Galardón esloveno de literatura desde 2020, que lleva el nombre del célebre escritor Ivan Cankar (1876-1918). Simona Semenič lo recibió por el libro *Tri igre za punce* (*Tres obras para chicas,* 2021), tomo compuesto de tres obras de teatro: *ti si čudež* (*tú eres un milagro*), *ni to to* (*esto no es*) in *lepe vide lepo gorijo* (*bellas nodrizas están que arden*). A nuestro parecer, el título de *lepe vide lepo gorijo* es de muy difícil traducción, ya que contiene, aparte de un guiño a la caza de brujas, una referencia a Lepa Vida, motivo literario esloveno iniciado y eternizado por el poeta France Prešeren. Lepa Vida (literalmente, Bella Vida) es una joven y bella nodriza que acompañada de un moro va a la corte española a amamantar al hijo de la reina española. En español, este poema lo ha traducido Juan Octavio Prenz, en: *Poemas. France Prešeren. Poeta esloveno, héroe nacional,* Donostia-San Sebastián, Ediciones Meettok, 2006 (prólogo de Felipe Juaristi). Según Juaristi, este motivo, ya presente en baladas vascas, es muy antiguo, «el de la muchacha secuestrada y llevada lejos de su tierra» (p. 20).

obras de teatro *24ur* (24horas, 2006), *5fantkov.si* (*5chicos.si*, 2008) *y sedem kuharic, štirje soldati in tri sofije* (*siete cocineras, cuatro soldados y tres sofías*, 2014*)*. Sus textos se han traducido a varios idiomas y se han representado y publicado en varios países europeos, en Estados Unidos, Sudamérica y Oriente Próximo. Hablando de traducciones, especial mención merece la traducción de la obra *tisočdevetstoenainosemdeset* (*milnovecientosochentayuno*), que salió en noviembre de 2020 en traducción española (edición bilingüe) dentro del marco de un proyecto literario entre estudiantes de Traducción de la Facultad de Filosofía y Letras de Liubliana y la traductora Marjeta Dronič.[6]

En una entrevista de 2017, reflexionado sobre su escritura, Simona Semenič comenta que escribe «pensando en la representación, pero aparte, también sient[e] que cada texto es también una obra completa que se sostiene por sí misma y que no necesita ser representada, porque (...) se convierte en un acontecimiento a través de la escritura. (...) Cuando alguien lee mi obra, en cierto

---

[5] El Premio Grum lleva el nombre del dramaturgo Slavko Grum (1901-1949). Es un premio que se concede anualmente desde 1979.

[6] Simona Semenič, *milnovecientosochentayuno / tisočdevetstoenainosem deset*, Liubliana, JSKD, 2020.

modo es como si estuviéramos juntos en el teatro: yo como narradora de la obra teatral y él o ella como espectador. Juntos nos encontramos en un mundo ficticio y ambos nos transportamos a un determinado lugar. Si me dirigiera a él o ella simplemente como lector, no nos trasladaríamos a ninguna parte».[7]

A nivel formal, la narrativa de Semenič tiene como característica la omisión de las convenciones clásicas del teatro, aparte del libre uso de la ortografía y puntuación. En términos generales, para la crítica que sitúa a la autora dentro de la corriente del (post)feminismo, su obra es un torrente verbal polifónico, un juego imparable de intertextualidad(es) y juegos de palabras en busca de los límites de la expresión del texto dramatúrgico. La crisis de la representación ocupa un lugar importante en la obra de Simona Semenič. En su obra hay espacio para voces de colectivos sociales marginados o silenciados. También es característico de su obra el uso poético y narrativo de la didascalia, ya que esa voz, para Semenič, no es tanto la voz (externa e indicadora) de la autora,

---

[7] Entrevista en: https://www.lokalne-ajdovscina.si/novice /2017 072610205448/simona-semenic-svet-ki-je-prevec-po-mosko-urejen-temelji-na-strukturah-ki-ne-dihajo-in-ne-predvidevajo-zivljenja/ Traducción y adaptación al español de Santiago Martín.

sino una voz interna y activa más de un posible personaje. La didascalia es un personaje más. En *tú eres un milagro*, aparte de referencias a la literatura internacional, como la mención de la obra *Purificados* (1998), de la dramaturga británica Sarah Kane (1971-1999), también hay múltiples guiños a objetos, obras y hábitos de la antigua Yugoslavia con cierto deje de nostalgia o complicidad, como puede ser el popular ron de Istra con su conocida etiqueta de un velero rojo con velas blancas.

Para Semenič, la intertextualidad es un mosaico de citas que abren debates: posibles relaciones entre distintas creaciones, diferencias entre original e ilusión, nuevo y viejo, ficción y realidad, etc. Siguiendo a la poetisa y ensayista eslovena Nina Dragičević (1984) en su introducción a la obra compilatoria *Tri igre za punce (Tres obras para chicas)*: «la sociedad siempre espera algo espectacularmente nuevo, pero no hay tal originalidad, de hecho, no hay original, ya que es inalcanzable».[8] En otras obras de la autora —aunque no tanto en esta—, el hurto o plagio se confiesa abiertamente y se menciona (casi siempre) la fuente, creando así

---

[8] Nina Dragičević, «kar je očesu in ušesu sila neprijetno», en Simona Semenič, *Tri igre za punce*, Ljubljana: Beletrina, 2021, página 268. La traducción al español es nuestra.

una red polifónica.[9] El diálogo es largo, enrevesado, confuso, parecido a una locuaz tormenta de ideas, repleto de afirmaciones y negaciones, injerencias y protagonismo de didascalia, finales abiertos, interrogativos y por tanto adrede algo desorientadores, tal vez.

También hay ciertos espacios clave con cierta simbología en la obra de Semenič, como puede ser el espacio del hospital, un lugar controlado y uniformado, regentado por (impersonales) agentes de bata blanca, representando un sistema cerrado, donde incluso a veces impera la humillación. Un lugar donde se evalúa y determina fríamente el grado de dolor del paciente en una escala del 1 al 10. En cierto modo, el acto de la ya no joven muchacha de levantarse y caerse (o tirarse, según como se mire) de la camilla del hospital, puede verse como un acto de rebeldía para liberarse del rígido molde hospitalario, es la lucha y liberación del sujeto contra el patriarcado imperativo.

El teatro de Simona Semenič suele incluir temas y experiencias de interseccionalidad. La dis-

---

[9] Algunos ejemplos de la obra *ni to to* (*esto no es*): «esto lo he robado de una serie norteamericana», «esta historia la he robado de Wikipedia», «esta escena por supuesto también la he robado». Luego (casi) siempre figura la fuente a pie de página. La traducción de estas citas es nuestra.

criminación no es unidimensional, las personas somos seres complejos con múltiples facetas, identidades (cambiantes), orígenes, opiniones, pasados y presentes, orientaciones y condiciones. Los prejuicios (misóginos), basados en la intolerancia, no son expresiones independientes ni aislados, sino que están interrelacionados dentro de un sistema (sempiterno) de opresión y discriminación. Pero, no solo los hombres pueden ser intolerantes o excluyentes, también hay féminas empoderadas que justamente por haber alcanzado –al menos, algunas de ellas– posiciones importantes dentro de una determinada jerarquía (patriarcal), pueden diferenciar y discriminar cruelmente entre «mujeres grandes» y «mujeres pequeñas», como suele hacer el personaje de la Inquisidora de la obra *lepe vide lepo gorijo*, del año 2020 (*amas ardiendo a gusto*).

Simona Semenič es una autora comprometida con la ciudadanía y con su tiempo, es más, ella siempre dice que es su obligación como mujer y como autora escribir sobre temas (sociales) importantes que están a la orden del día. En su obra prácticamente siempre percibimos entre líneas una cierta preocupación por la búsqueda de la óptima formación y pedagogía del civismo. Su obra reflexiona sobre fenómenos como el patriarcado, la violencia social, la violencia contra el cuerpo y la sexualidad. Es una permanente e incansable búsqueda de la virtud social del ciudadano. La gente, desilusionada de la política, prefiere acomodarse en su bienestar, saturada por la oferta del consumismo y el capitalismo, y vivir ajena a los problemas locales. Dicha actitud pasiva te convierte en un fingidor, diría Simona: «influyes en el mundo fingiendo que no existe, y como la mayoría de la gente finge que no existe, el mundo es lo que es... La mayoría de nosotros tenemos la sensación de que en el campo político somos completamente impotentes, y entonces el campo político es simplemente lo que es: poderoso, no nos tiene en cuenta..., y nos replegamos en nosotros mismos y nos ocupamos solo de nosotros. Pero, cuidado, ¡la intimidad también puede ser política!».[10] Lo privado y lo público se nivelan. La obra de Simona Semenič nos puede servir de recordatorio, pues la llamada civilidad, tanto la pública como la privada, es un valor que se adquiere, y por tanto «exige autodisciplina e incluso aprendizaje de actitudes y comportamientos».[11]

La obra de teatro *tú eres un milagro* salió en Eslovenia en un tomo titulado *Tri igre za punce* (2021;

---

[10] Ibídem.

[11] Rubio Carracedo, José, *Ciudadanos sin democracia. Nuevos ensayos sobre ciudadanía, ética y democracia*, Granada, Editorial Comares, 2005, p. 129.

Tres obras para chicas) por la editorial Beletrina (Liubliana). Es una obra que nos sitúa en un tiempo muy especial, que no es ni aquí ni allí, ni tampoco más acá ni más allá, sino que es(tá) en todas las partes a la vez, y todos los tiempos a la vez. También los personajes a veces pueden confundirse y encontrarse extendidos a la vez por todo el escenario de la ficción teatral. La obra habla sobre el imaginario de la sexualidad, el erotismo y la representación del deseo. Una manifestación de pensamientos abiertos y explícitos sobre la sexualidad, el deseo, pero también el acoso sexual, la violencia y la violación sexual. También es un trabajo sobre las infinitas culpabilidades (de las mujeres) que pueden ser provocadas por el patriarcado. Una colorida y revuelta paleta: una joven muchacha muriéndose en el hospital; una no tan joven muchacha escapándose de la muerte; una gorda y estrafalaria italiana bamboleándose por el escenario; una coqueta mas impaciente sesentona buscando una nueva llama; una calenturienta enfermera; una médica replanteándose el divorcio; un grupito de trabajadoras cotorras de un matadero... Un trueque de voces, deseos, ideales, miedos, proyecciones. Vinculadas a los imperativos del patriarcado, e inmersas en un determinado patrón convencional de la realidad relacional o matrimonial, las protagonistas se ven sumergidas en un juego manipulador de culpas y sentimientos. Son soñadoras despiertas expresando deseos y temores en voz alta. Los pocos hombres que pululan (perdidamente) por la obra son como *extras* o figurantes, desprovistos de personalidad.

El punto de partida de la obra es el mito de Don Juan. Pero en la obra de Simona Semenič, Don Juan ya no se llama Juan ni Giovanni, sino Janez (tocayo de Juan), ha cambiado de espacio geográfico y de siglo, y, para colmo, su nombre se escribe con minúscula: janez. Bajo la mirada crítica y burlona de Simona Semenič, Don Juan, metafóricamente en paños menores, se ve sin sus mayúsculas y sin su habitual tratamiento de respeto. Este juan/janez es la proyección de todos los cuentos de hadas sobre Don Juan: «todo lo que mi marido no es ni nunca fue ni nunca será», como dice una de las trabajadoras del matadero. La figura de janez puede ser, y lo es, un marido, un novio, un amante, un golpeador, un cabrón y un matón. El personaje de janez ahora se ha convertido en una convención, es un (estereo)tipo cualquiera de aparentemente «un metro noventa», y «con la polla más bonita del mundo», que apenas abre la boca, y que lleva y trae un ramo de flores gigante a las mujeres que enamora, besa, ama, viola y maltrata. La figura de janez es como un «lienzo» donde las mujeres proyectan sus deseos, sueños, fantasías, miedos y esperanzas.

Ellas, a su vez, son trabajadoras y están no solo infelizmente casadas, sino también sexual, erótica y sentimentalmente insatisfechas. Da igual, ya que para ellas, él es perfecto, pero como escribe Nina Dragičević, «en el deseo no hay nada de liberación, sino solo insatisfacción».[12]

En una entretenida entrevista[13] entre dos dramaturgas —Eva Kraševec y la autora de *tú eres un milagro*—, la segunda recuerda aquella famosa frase del actor italoamericano Rodolfo Valentino (1895-1926). En respuesta a la pregunta de por qué las mujeres se enamoraban de él, Valentino respondía que no se enamoraban tanto de su persona, sino de una imagen proyectada (sobre un lienzo) de él, sobre la cual, las mujeres proyectaban sus ideales, sueños y deseos. Justamente esta cita fue un *Leitmotiv* para empezar a escribir la obra desde la perspectiva de las mujeres: ¿Qué les lleva a ellas a enamorarse de janez? ¿Qué falta emocional, erótica o sexual tienen estas mujeres como para sentir un vacío e ir en busca del amor romántico, erótico y perfecto? En la obra surge un amplio abanico de voces de mujeres de distintos ámbitos sociales y edades, todas locas y perdidamente enamoradas de janez. Cada una lo ve y

---

[12] Obra citada, página 265. La traducción al español es nuestra.
[13] En YouTube: https://www.youtube.com/watch?v=nqySN hOCFvM (última consulta: 03-11-2024).

lo siente de una forma distinta, obviamente así se alimenta el perspectivismo de la obra –tanto que a veces es difícil distinguir entre unas y otras, pues las frases y los clichés se repiten y hasta son intercambiables–, pero, cada una de ellas tiene su particular razón de enamorarse, así como de proyectar su particular versión del amor sobre un trillado lienzo llamado janez. El propio janez, como es de suponer, carece de importancia y personalidad, es un personaje de cartón; las mujeres son las verdaderas protagonistas, pero también sus propias antagonistas. En un malabarismo de estereotipos, todos y todas emulan los tópicos del llamado patriarcado. Contemplando la obra –siguiendo a Simona Semenič–, el patriarcado no solo lo inventan, lo mantienen y lo alimentan los hombres, también las mujeres contribuyen a la prosperidad, mantenimiento y expresividad del sistema patriarcal. Por tanto es importante (re)conocer, señalar y denunciar los patrones sociales que mantienen un sistema vigente, aunque en la vida cotidiana –sigue la propia autora explicando–, simplemente por enrevesadas razones sociales, prácticas o afectivas, no siempre se problematicen o se inviertan estas relaciones estereotípicas de papeles y funciones entre hombres y mujeres. Por eso es importante leer y seguir leyendo la obra de Simona Semenič, para tener ese lienzo presente donde ella, de modo hábil y ameno, nos proyecta el envés de lo que (a todos y todas) nos parece normal u obvio. Si por múltiples razones y convenios por lo visto es tan difícil cambiar ciertos patrones y acercarnos a un mundo más equitativo, por lo menos que lo (re)conozcamos y debatamos en el arte.

tú eres un milagro

de

SIMONA SEMENIČ

Traducción de
Santiago Martín

Para Črt y Vitomil

espacio escénico vacío
la sirena de una ambulancia en alguna parte fuera
iuiuiu
se para
pasa un momento, pasan dos momentos
dos auxiliares guapetones llevan una camilla con ruedas al
escenario, sobre la camilla yace una joven muchacha, cu-
bierta de sangre
por el otro lado del escenario se acercan una médica y un
enfermero, y luego viene corriendo también una enfermera,
los paramédicos y el personal médico se intercambian datos
sobre el estado de la herida
se entiende más bien poco, salvo que el estado de la herida
es muy muy grave
la camilla cruza el escenario
bullicio
presión atmosférica, esta joven muchacha en volandas va a
morir en cualquier momento

    joven muchacha
esa joven muchacha en la camilla de la ambulancia, esa soy yo
en este momento, moribunda, los médicos y los
auxiliares sin embargo luchan por mi vida,
dando todo de sí, todos y todas, toda la maquina-
ria a galope, pero no servirá de nada, hacia el final
de esta obra, yo moriré
salvo si ocurre un milagro,

mientras esperamos que ocurra ese milagro, la
obra de teatro se desarrollará
pero, eso sí, pongan atención en el escenario, mi-
ren con atención
la camilla de la ambulancia, el auxiliar empuján-
dola hacia delante, de bulla y corriendo, deseando
de salvar esta joven vida, es decir, mi propia vida
que está abandonando mi cuerpo, yaciente, viene
corriendo una médica, se juntan un enfermero y
una enfermera, todos pululando alrededor de mi
camilla, comentando mi presión arterial, cayendo,
cayendo, cayendo en picado, el pulso del corazón, apenas perceptible, me llevan por el espacio escénico vacío a la sala de operaciones, lugar
donde voy a morir,
salvo si ocurre un milagro

      primer auxiliar
solo un milagro

      segundo auxiliar
aquí realmente solo un milagro...

      médica
¡callad!

joven muchacha
pero la noche no empezó así, la noche empezó
prometedora
después de una niebla interminablemente larga
por fin una cita

enfermera
bueno, ahora estamos salvándole la vida a esta
joven muchacha
es decir, intentamos salvarla entre todos, yo soy
aquella a la izquierda, he sido la última en llegar a
la camilla, pulso casi imperceptible, la joven muchacha se encuentra en el umbral de la muerte,
ahora la llevamos a la sala de operaciones, pero
no tiene buena pinta, la verdad es que no tiene
nada de buena pinta, ha sido un terrible accidente
de tráfico, cómo puedo estar yo aquí, qué hago
aquí, esta joven muchacha, dios mío, esta joven
muchacha va a morir en mis brazos, yo no sé que
puedo hacer aquí, esto es un error, ahora yo debería estar en un balneario y estar disfrutando a lo
bestia con la polla más hermosa del mundo, dios
mío, la muchacha va a morir en mis brazos

joven muchacha
eso sí que fue un milagro
¡una cita!

presión atmosférica
esta joven muchacha va a morir de un momento a otro

enfermera
nunca antes en mi vida he visto a esta joven muchacha
solo mañana sabré que nuestros caminos de alguna forma se han cruzado, pero hasta mañana...
mañana esta joven muchacha estará muerta

joven muchacha
bueno, entonces una cita
tengo veintisiete años y nunca he tenido novio
bueno, así, digamos, un novio de verdad, no hubo tiempo, nunca ha habido tiempo para ese tipo de cosas
ahora están viéndome morir, y es algo terriblemente triste, también para mí, pues sí, aferrándome a esta vida, agarrándome, luchando, no quiero morir, ahora no quiero, pero ayer por la noche todo era bien distinto
ayer por la noche pensaba que lo mejor era morirme
sentada en un sillón de mi pisito, arropada con una manta, fumando un cigarrillo tras otro, y mira que ni siquiera soy fumadora, alguien olvidó una cajetilla casi llena en mi casa hace mucho tiempo, bebiendo ron, era lo único de alcohol

que tenía en casa, ron para hacer bizcocho, el cual nunca hago, heredé el ron con el pisito de una tía de mi padre, bueno, así era la vida ayer, ayer me ahogaba en el ron, hoy me ahogo en la sangre,

mira que escalada más poética me ha salido, no por nada me gradué con una media de 9,8, si esta noche no muero, puedo ser poetisa en mi tiempo libre, todas las posibilidades están abiertas, si ocurre un milagro

presión atmosférica

enfermera
mañana, cuando todo haya pasado tras de mí, mañana sabré que entre la joven muchacha y yo en realidad ha habido una fuerte conexión, y también con la médica justo aquí presente que en estos momentos está haciendo todo lo posible y que por ella que no quede para que la joven muchacha sobreviva

la enfermera que desea un milagro corre hacia la camilla de la ambulancia

inhala exhala

por el escenario pasa una retahíla de cintas transportadoras colgantes en las que se apilan pollos desplumados sin

*cabeza, sin patas, sin órganos internos, preparados direc-
tamente para echarlos en la olla*
o en la sartén
*bajo las cintas transportadoras, ante la perspectiva de una
sopa de pollo, muslos de pollo, pollo asado, un mostrador
detrás del cual hay una, dos, tres y hasta cuatro trabajadoras*
*vestidas con ropa blanca de faena, llevan el pelo cubierto
con un gorro blanco protector y las manos cubiertas con
guantes blancos de plástico*
*las trabajadoras cogen las canales de pollo de la cinta
transportadora y las echan en cajas blancas de plástico*
*una vez llenas las cajas, las trasladan a una cinta trans-
portadora de rodillos*
*las cajas se llenan y la procesión de pollos colgados nunca
se detiene, nunca se detiene*
*las canales de pollo se pegan a la máquina con los lomos,
las trabajadoras a un ritmo constante primero sacan un
lomo de la eslinga, luego el otro lomo de la eslinga y fijiuuu
a la caja*
un muslo, otro muslo, fijuuu a la caja

segunda trabajadora
a ver, entonces, ¿pasó o no pasó algo?

tercera trabajadora
pasar lo que se dice pasar, creo que no...

　　　　primera trabajadora
ha pasado o no ha pasado, no hay otra
bueno, entonces, ¿sí o no?

　　　　tercera trabajadora
bah

un muslo, otro muslo, fijuuu a la caja

　　　　cuarta trabajadora
no
hay que joderse, ¿sabes cuántas pollas hay en el
mundo?

un muslo, otro muslo, fijuuu a la caja

　　　　primera trabajadora
y me río
me río de esta observación terriblemente ingenio-
sa de mi compañera
me río porque también se ríen las otras dos
¿sabes cuántas pollas hay en el mundo?,
me río y mientras tanto

un muslo, otro muslo, fijuuu a la caja

mientras tanto

un muslo, otro muslo, fijuuu a la caja

nos reímos y luego la tercera cuenta que sí sabe
cuántas pollas hay en el mundo
y nos reímos más todavía
y luego

    cuarta trabajadora
sabía que no iba a pasar nada

un muslo, otro muslo, fijuuuu a la caja

    tercera trabajadora
ya, ¿y cómo lo sabías?

    primera trabajadora
cómo podía saberlo, siempre lo sabe, siempre es
la más lista, por eso lo supo, ahora no responde,
y solo se ríe

    tercera trabajadora
pero lo supiste mal

un muslo, otro muslo, fijuuu a la caja

    primera trabajadora
ay, no, otra vez estoy riéndome

no sé si ahora me río porque me parece gracioso,
o tal vez me río porque sé que va a seguir una
larga y tendida descripción de aventuras de cama,
en la que yo también voy a formar parte, pues
voy a preguntar esto y lo otro, es lo debido, no
porque realmente me interese, pollos, pollos y
pollos y no tengo otra parte adónde ir, tengo que
participar, tengo que reírme cuando hay que reírse, tengo que cabrearme cuando hay que cabrearse
mientras
mientras pienso en ti
y solo pienso en ti, no puedo hablar de ti con mis
compañeras de trabajo
no puedo contarles de nuestras aventuras de cama, entonces ya no serían nuestras, no puedo
contar

      tercera trabajadora
a primera vista diría que un metro noventa

      segunda trabajadora
uau

      primera trabajadora
y no debo contar más

      tercera trabajadora
es divino

primera trabajadora
de ningún modo debería seguir contando

tercera trabajadora
me gustaría casarme con él

cuarta trabajadora
ah, no me jodas

segunda trabajadora
conque solo agita su varita y tú ya

cuarta trabajadora
te casarías

la cuarta trabajadora se ríe como si hubiese oído el chiste
más gracioso jamás
un muslo, otro muslo, fijuuu a la caja
un muslo, otro muslo, fijuuu a la caja

segunda trabajadora
tú sabes cuántos habrá así

cuarta trabajadora
solo que no lo jodas

primera trabajadora
no lo jodas

inhala exhala

*un tramoyista lleva al escenario una tabla donde pone con
letras artísticas de color rosa boutique stella, la deja sobre
el escenario, hace unos arreglos, se va y vuelve con un gran
espejo*
*otro tramoyista lleva al escenario un torso de plástico sobre
un atril donde hay un vestido de noche de mujer, verde, cor-
to*
*un tercer y cuarto tramoyista llevan sendos torsos colocados
en un atril, un vestido de color naranja, largo y otro de flores, rosado, también largo*
*los tramoyistas llevan más y más maniquíes con vestidos de
mujer de todo tipo de colores claros y los van colocando sobre el escenario junto al rótulo de boutique stella*
*las luces iluminan la boutique, entre los vestidos coloridos
de repente aparece abracadabra por arte de magia zvezdana y a su lado una mujer sesentona, pues sí, así tal cual,
abracadabra, puf, como si todo el ambiente estuviera bri-
llando, puf, aparecen zvezdana y una mujer sesentona*

solo un milagro

*la señora sesentona de buen ver coge en sus manos un ves-
tido de noche de color rojo claro, palpa el tejido, lo observa,
y sonríe*

zvezdana
¿a que sí?

mujer sesentona
sí, de verdad, así es

la mujer sesentona se coloca el vestido delante del cuerpo y
se contempla en el espejo
es posible que el espejo lo sujete un tramoyista y lo vaya
moviendo de un lado a otro
y tal vez, en algún momento dado, él le manifieste avenen-
cia a la mujer sesentona, y a lo mejor la mujer sesentona
le devuelva una sonrisa tímida
zvezdana la contempla

zvezdana
¿y sin embargo no puede decidir?

mujer sesentona
ay, señora zvezdana, no lo sé, realmente no lo sé,
no piense usted que yo tal vez...

zvezdana
no, no lo es, ya lo aclaramos cuando se lo probó
por vez primera, hará ya bastante tiempo, ¿verdad?

mujer sesentona

ya, ya

la mujer sesentona se sigue contemplando en el espejo y puede que hasta esté coqueteando con el tramoyista

zvezdana
el tiempo no corre hacia atrás

mujer sesentona
¿entonces piensa que me he vuelto demasiado mayor o que pronto lo seré?

¿tú sabes por qué las mujeres tienen los brazos más largos que los hombres?
para llegar mejor al último rincón de los fogones de la cocina

zvezdana
no, en absoluto, solo pienso que tal vez es hora de que se dé el gusto de tenerlo

mujer sesentona
por si me muero antes, ¿verdad?

la mujer sesentona se ríe, zvezdana, de un modo forzado, también se ríe después de ella, al parecer de tal forma como si el sentido del humor de la señora sesentona no le fuera próximo

joven muchacha
pero tal vez no muera
ayer por la noche deseé tanto que algo ocurriera
para morir, para no estar más presente, nunca
más, ese ron y esos cigarrillos y esa tristeza,
dónde estás, por qué no estás, y lo deseaba con
tanta fuerza, pero con una fuerza infinita, morir,
ay, dios, por favor, te suplico, haz algo para que
muera, haz algo para morirme, quiero morirme,
no quiero vivir más, no quiero esto más, duele
demasiado, no quiero vivir
así le suplicaba a dios ayer por la noche
y entonces, tras ese rápido trámite, aunque tampoco sin muchos titubeos, decide concederme el
deseo

la médica acaricia la mano de la joven muchacha

médica
todo saldrá bien, ahora estás a salvo

el auxiliar murmura algo, a medias, no se oye muy bien,
dice algo en relación con dios, por lo menos, eso sí, oímos la
palabra dios, tal vez el auxiliar murmura algo así como...,
si dios quiere..., o..., solo ahora dios puede ayudarle..., o
algo parecido, pero el caso es que menciona a dios, y sí o sí
la palabra dios le llega a la médica y la médica le lanza

una mirada fea al auxiliar, y el auxiliar se hace el longui,
sigue pico y pala, haciendo sea lo que fuere

presión atmosférica

un muslo, otro muslo, fijuuu a la caja

la joven muchacha está sentada en el sofá, fumando, be-
biendo ron a morro de la botella y llorando

joven muchacha
ay, dios, te ruego, te suplico, haz algo para que
muera, haz que me muera, no quiero vivir más,
no quiero más, te suplico, querido dios, si existes,
haz que muera, no quiero vivir un solo día más
así, te lo suplico, haz un milagro, si existes

llaman a la puerta
llaman a la puerta solo porque llamar a la puerta suena
más bonito que un irritante pitido de interfono, y en el tea-
tro nos gusta que las cosas suenen bien
así que llaman a la puerta
toc toc toc
la joven muchacha al principio no lo oye, luego el toque se
hace más fuerte
toc toc toc, más fuerte
la joven muchacha primero no sabe qué hacer, pues no es-
pera a nadie de visita

joven muchacha
señora jolanda, ¿no es demasiado tarde?

al otro lado de la puerta se oye una voz de hombre

janez
soy yo

de repente, a la joven muchacha le entra el pánico

joven muchacha
¿janez?

janez
sí, soy yo

*rápidamente, la joven muchacha se levanta, se arregla el
vestido, se limpia las lágrimas, se mira en el espejo delante
de la puerta, pánico, pánico*

joven muchacha
¿qué haces tú aquí?

un muslo, otro muslo, fijuuu a la caja

cuarta trabajadora
venga, cuenta ya, no nos dejes en vilo

tercera trabajadora
pues, nada, era..., era...

cuarta trabajadora
¿qué?

tercera trabajadora
un milagro

primera trabajadora
milagro, dice
milagro, dice, y nosotros venga a reírnos como si
hubiese dicho la payasada más grande del universo
un milagro

un muslo, otro muslo, fijuuu a la caja

*zvezdana y la guapa mujer sesentona se encuentran entre
un montón de maniquíes con vestidos de mujer
verde claro, naranja, rojo, azul celeste, azul oscuro, de flores, amarillo, plateado, rosa, verde oscuro, violeta, dorado,
por supuesto dorado
y más y más adornos
y más y más volantes
y más y más brillantes
y más y más abalorios
y más y más detalles*

la mujer sesentona sostiene delante de sí el vestido de color rojo claro y se sigue mirando en el espejo

el tramoyista se aburre, ya ni la mira, en cambio mira a su alrededor por si hay alguien cerca que lo pueda sustituir, para poder irse a mear, o a fumarse un pitillo, a tomarse un chupito, o irse a cualquier sitio donde no haya nadie, silba y aparece desde el fondo del escenario la cabeza de otro tramoyista, y la cabeza del segundo tramoyista se imagina lo que le gustaría hacer el otro tramoyista, el primer tramoyista señala hacia el espejo y el segundo tramoyista se acerca sin ganas, y coge el espejo, para que el primer tramoyista puede irse a mear, a fumarse un pitillo, a tomarse un chupito, o irse a cualquier sitio, la señora sesentona, mientras tanto, se sigue contemplando en el espejo, como si nada de todo esto hubiese ocurrido, claro es normal, la mujer sesentona está encarnada por una actriz profesional del teatro, y para tramoyistas profesionales no da el teatro

zvezdana
este color de verdad le sienta muy bien
¡está guapísima, simplemente guapísima!

señora sesentona
sabe, cuando lo vi por primera vez y me lo probé,
no lo necesitaba en realidad
solo que me gustaba
pero luego...

luego resulta que sí lo necesito de verdad, es más,
hoy por la noche,
pero a usted no le parece que...

      zvezdana
¿para qué tipo de acontecimiento?

      señora sesentona
una cena

      zvezdana
¿una cena festiva, habrá más gente o es más bien
en plan íntimo?

la señora sesentona ahora se siente realmente algo incómoda

      señora sesentona
ahora me siento realmente algo incómoda
estoy aquí de pie con este vestido precioso, porque es precioso, la verdad, vengo desde hace me-
ses a verlo, es que no me hacía falta, pero me
gusta tanto, hasta ahora no se ha vendido, entonces tal vez esté esperándome, como ha dicho mi
vecina, mi vecina es médica, es culta y sofisticada,
pues ella sí sabe que el vestido me está esperando, si aún no lo han vendido en tanto tiempo, y
es tan bonito, pero a mí me parece una tontería
comprar un vestido de noche si nunca salgo a

ningún sitio, ¿qué hago con un vestido de noche en el armario?, pero ahora sí lo necesito, de verdad, hoy lo necesito porque voy a una cena, pero qué le digo a la señora zvezdana, no puedo decirle que tengo una cita, digo yo, qué va a pensar, que soy una vieja arpía, una vieja arpía y una cita, va a empezar a reírse de mí, y con el vestido voy a parecer como una vieja arpía barata, pero el vestido sí vale su precio, no quiero parecerme a una vieja arpía desesperada, no quiero aparentar eso, no quiero que todos sepan que soy eso, bueno, de todas formas, una persona tiene que tener cierta dignidad, y este vestido, no sé, bueno, eso de la dignidad y tal, ¿qué le digo?, y si a continuación me pregunta con quién tengo la cita, ¿qué le respondo?, ¿qué le digo?, que tengo una cita con un hombre que tiene más de veinte años menos que yo, ay, dios mío, dónde estás, dónde estás ahora, qué hago yo

asuntos más íntimos se me escaparán sí o sí de mi boca

asuntos más íntimos

zvezdana

ah no quiero entrometerme demasiado, solo quiero decirle que puedo ayudarle en su elección, algo íntimo como una cita o...

señora sesentona
ay, dios mío, qué decir, qué digo ahora, ¿íntimo
como una cena con una amiga?, no puedo decirle
sin más que tengo una cita, una vieja arpía y una
cita, se va a destornillar de la risa, y si además me
pregunta con quién voy, y si por la noche me encuentra en algún sitio y ve que estoy con un
hombre la mitad más joven que yo, qué digo, que
he salido con mi hijo, ay, no lo sé, qué le respondo, una cita, una cita, voy a decir, una cita
una cita, sí

zvezdana
ah
bueno, para una cita me parece tal vez poco se-
ductor, para una cita tal vez podría probarse
aquello

*zvezdana señala un vestido verde oscuro con la falda pli-
sada adornada de un encaje*

señora sesentona
ay, dios mío, no, no, no, no se trata de ese tipo de
cita, es solo una cita, solo una cita, digo, qué más
puedo decir, con eso parecería una maldita rame-
ra, dios me ampare, no, no se trata de ese tipo de
cita, creo, bueno, sí es una cita así, pero justamente por eso, no puedo parecer como una fulana

con fecha de caducidad, no, pero qué va a pensar
la gente, qué pensará él cuando me vea aparecer
de tal forma, saldrá huyendo, enseguida cambiaría
de opinión, no
no, no se trata de ese tipo de cita, es más bien, diría yo, una cita más casual

zvezdana
ah, señora, entonces, este de rojo flamante le irá
como anillo al dedo

señora sesentona
¿de verdad lo cree?
no piensa que es demasiado...

un muslo, otro muslo, fijuuu a la caja

tercera trabajadora
sí, un milagro
y si tuviera que casarme, me casaría con él

segunda trabajadora
bueno, bueno, tampoco hace falta casarse

cuarta trabajadora
¿por qué haría falta casarse?
solo te echas más trabajo encima
con los hombres solo hay trabajo, ninguna alegría

tercera trabajadora
bah..., si es tu príncipe azul...

segunda trabajadora
bueno, en caso de que lo sea, pero eso no se
puede saber hasta que no te has casado

un muslo, otro muslo, fijuuu a la caja

cuarta trabajadora
y una vez casada, ninguno es tan perfecto

primera trabajadora
y me río
y nos reímos

segunda trabajadora
y una vez casada, ninguno es tan perfecto, has
dado en el clavo

primera trabajadora
y me río
y nos reímos

un muslo, otro muslo, fijuuu a la caja

cuarta trabajadora
además, una boda solo es un gasto

segunda trabajadora
solo un gasto, no es otra cosa, de verdad, cuando
yo me casé con el mío, nos metimos en tantas
deudas que en tres años no pudimos ir a la playa,
solo es un gasto, la verdad

cuarta trabajadora
y además hoy día todo el mundo se separa y nada
tiene sentido
y cuando no se separan, están a punto de, ¿no es
así?

¿no es sí?, dice, y le da un codazo a la primera trabajadora
la primera trabajadora no dice nada

primera trabajadora
no digo nada
ya tampoco me río más

tercera trabajadora
sí, pero el suyo es...

cuarta trabajadora
suyo, mío, tuyo, todos son iguales

segunda trabajadora
bueno, tampoco es tan grave, no todos son iguales

            primera trabajadora
no todos son iguales

            tercera trabajadora
pero él...
él no..., él sí..., él no..., él sí
ayer ni teníamos la intención de vernos y luego
mira por donde...

un muslo, otro muslo, fijuuu a la caja

            primera trabajadora
y luego va y sin más llama a la puerta
sabía que mi marido no estaba en casa, vino y
llamó
pienso para mí, no digo, dios no quiera, no podía
decirlo en voz alta

            cuarta trabajadora
y luego va y sin más llama a la puerta

y luego
y luego
y luego un milagro
todo desaparece
desaparecen los muslos
las cajas
las trabajadoras

desparecen los abalorios, los volantes, los brillantes
hasta desaparece la muchacha moribunda

en el escenario no hay nada y luego
entra una italiana gorda
una italiana muy gorda, pero que muy gorda, pero sin em-
bargo seductora

va desplazándose lentamente hacia la rampa, poco a poco
como si la platea no estuviera llena de espectadores a los
que les urge saber si la joven muchacha va a morir o no,
quién es ese que ayer por la noche llamó a la puerta, por
qué se casaría la tercera trabajadora y qué pasa con esa ci-
ta que tanto le preocupa a la mujer sesentona
la italiana gorda se mueve hacia la rampa, poco a poco,
como si tuviera todo el tiempo del mundo
y cuando por fin llega a la rampa
ha pasado entretanto un mar de tiempo, mientras un in-
contable número de muslos ha ido a parar a la caja, con
un envoltorio de plástico, para llegar a parar a las góndo-
las de las tiendas, para las cestas de la compra, para los
frigoríficos, las ollas y los estómagos
y así sucesivamente
un número incontable de muslos ha hecho innumerables
vaivenes, mientras la italiana gorda se ha desplazado has-
ta la rampa solo para que el público se ría y ella pueda
pronunciar una frase en voz muy baja

italiana muy gorda
meglio slavo che nero

*para pronunciar una sola frase en voz baja que la mayoría
del público de todas formas no va a entender, y aún así si
entendiera qué significa meglio slavo che nero en italiano,
la frase está completamente fuera de lugar, es que no sabes
ni cómo cogerla, sobre todo si lo que más nos interesa es
saber qué pasó anoche con ese janez, llamando a la puerta
de la joven muchacha, quién es ese janez, por qué la joven
muchacha quería morirse, y si el misericordioso dios en los
cielos cumplirá su deseo*
*mientras tanto la italiana muy gorda se da la vuelta y se
aleja sacudiendo su espléndido trasero hacia la zona de
bastidores como si tuviera todo el tiempo del mundo.*

y vuelta a empezar
urgencias
dos auxiliares guapetones
una camilla de ruedas de ambulancia
pero encima ya no va la joven muchacha
ya no es la joven muchacha, sino yo
*con un vestido negro dominguero heredado de mi tía vesna,
bajo un abrigo negro dominguero heredado de mi amiga
vesna, y unos zapatos de tacón negros domingueros com-
prados antes de que se fuera a pique el negocio de reposter-
ía, pero los zapatos no tienen pinta de tener tantos años,
¡qué va!*

y tengo frío
espere un momento aquí, señora.
y espero en el pasillo de urgencias en una camilla de urgen-
cias
con un vestido dominguero un viernes por la tarde noche
mi corazón ha dejado de golpear
ya no me estrangula.
solo tengo frío
y tengo miedo
y luego tengo más frío
y tengo más miedo
y más
y estoy esperando, mi corazón ha dejado de golpear, estoy
mejor, mi corazón está bien, mi corazón está bien, estoy
bien
tengo frío
y cada vez tengo más miedo
hace mucho tiempo que ha dejado de ser la joven muchacha
en la camilla de ruedas de ambulancia, la que llevaron dos
auxiliares guapetones en una ambulancia a urgencias, y
que ahora solo tiene frío, y que ahora solo tiene miedo, esta
chica que soy yo se levanta de la camilla de ambulancia

ya no joven muchacha
ayer fue un día especial, bueno, cálido, luminoso,
después de mucho tiempo me levanté temprano
por la mañana, respiré y me sentí bien, llena de
energías, satisfecha

y sol

no era un día como otro cualquiera, cuando voy arrastrándome de un quehacer a otro, de una sonrisa falsa a otra, de una ocurrencia malévola a otra y todo el tiempo deseando que el día termine lo antes posible,

no era uno de esos días comunes

el sol brillaba para mí, todo iba a pedir de boca, el cuerpo no me iba avisando de que no podía, todo iba de modo fácil, incluso con alegría

incluso con alegría

y conforme avanzaba el día, más se aclaraban los pensamientos

a la gente a mi alrededor no le hacía falta hablar, yo sabía lo que iban

a decir, todo claro, todo limpio, todo lógico, todo fácil

incluso con alegría

cada pensamiento, cada movimiento, cada sonrisa, cada apretón de manos tenía un sentido y formaba parte de algo mayor, del orden y del caos que se habían vuelto una sola cosa, entre el caos en el orden y el orden en el caos, no había diferencia, claro, limpio, lógico, con sentido

todos los cabos sueltos se ataban y lo que no se
ataba era porque daba igual atado que desatado,
orden y caos de la mano me abrazaban y yo los
abrazaba, pacífica
eso fue ayer
dormí a la pata la llana, me levanté con soltura y
hoy por la mañana ha comenzado otro día en el
que todo era como debía ser, en el que después
de mucho tiempo tuve la sensación de que sí es
posible vivir la vida con alegría

incluso con alegría

    primer auxiliar
señora, ahora van a llevársela de aquí, por favor,
no se levante de la camilla

    ya no joven muchacha
vale, pido disculpas

la ya no joven muchacha se vuelve a echar en la camilla
con ruedas de la ambulancia
la sala de urgencias está llena de gente más o menos enfer-
ma, gente hablando, gimiendo, llorando, con miedo,
incómoda, de vez en cuando algún grito, bullicio
la ya no joven muchacha oye un pitido, un pitido que no
proviene de fuera, un pitido que proviene de dentro y no lo
oye nadie más que ella, un pitido de dentro, indefinible, sin

*sentido, un pitido desagradable, casi irritante, aunque es
desde dentro, y luego aparece una nube tapando a toda la
gente y a todo el bullicio, una nube que también proviene
de dentro,*
*también es indefinible, sin sentido, desagradable, es una
nube desde dentro que primero absorbe a todo lo de fuera y
luego además absorbe a todo lo de dentro*
*la ya no joven muchacha se cae de la camilla con ruedas de
la ambulancia*

ya no es la ya no joven muchacha, sino soy yo
*voy cayéndome lentamente, mientras me caigo de la camilla
de la ambulancia, recuerdo la mañana del día de hoy, con
sol, con luz, una mañana llamando a un día, llamando a
la vida, a la vida que es posible vivir con alegría, incluso
con alegría*
campos interminables de lavanda
mar
*me acuerdo del rostro de mi amiga enfrente de mí, brillan-
do en el sol otoñal vespertino*
sonriente, cálido, abierto

     amiga
¡es genial!
es un lienzo donde se proyectan los deseos, ¡es
genial!
¡qué ilusión!
qué ilusión sentir el reflejo dentro de mí mientras caigo

qué ilusión sentir el reflejo del sol otoñal vespertino, qué
ilusión mientras
voy cayéndome
mi cuerpo se ha quedado, pero yo ya me he ido
hacia algún lugar
hacia
hacia
el sol
el mar
y luego
más allá
a un interminable campo de lavanda
y mi cuerpo junto al de mi amiga bajo el sol otoñal vesper-
tino
brilla su pelo
ojos
mejillas

amiga
¡qué ilusión!

la he visto delante de mí
la he escuchado
le he sonreído
y sin embargo me he ido
por allí
he empezado a irme hacia el hermoso ayer, alejándome a
paso lento sin darme cuenta

más allá
y ahora estoy cayéndome
y mientras caigo, pienso que no quiero morir

enfermera
¡va a morir!

médica
morirá, pero no ahora
por favor, se lo pido, compóngase

llaman a la puerta

joven muchacha
señora jolanda, ¿no es un poco tarde?

detrás de la puerta se oye una voz de hombre

janez
soy yo

la joven muchacha de repente entra en pánico

joven muchacha
¿janez?

janez
sí, yo

la joven muchacha rápidamente se levanta, se arregla el
vestido, se limpia las lágrimas, se contempla en el espejo
delante de la puerta, pánico, pánico

joven muchacha
¿qué haces tú aquí?

janez
he venido...
¿no vas a abrirme?

joven muchacha
sí, sí, claro que te abro

la joven muchacha de nuevo se mira en el espejo, se arregla
lo que se puede arreglar, y abre la puerta

janez
hola

joven muchacha
a ti qué...
quiero decir, hola
no estabas...

janez
si no voy a quedarme, tengo que irme, ya lo sabes, pero tenía que verte

joven muchacha
tenía que verme

tenía que verme

tercera trabajadora
tenía que verme
tenía prisa, había venido a saludarme porque tenía que verme

primera trabajadora
tenía que verme, rápidamente, también yo tenía
que verlo, rápido, rápidamente, aunque luego no
fue tan rápido, nunca es tan rápido, siempre se
toma su tiempo, mi cuerpo a su lado de repente
es joven otra vez y firme y flexible y la piel es
suave y todo es como si otra vez tuviera diecisiete
años, qué guapa eres, qué guapa eres, qué guapa
eres, no aguanto sin ti

janez
qué guapa eres, qué guapa eres, qué guapa eres,
no aguanto sin ti

un muslo, otro muslo, fijuuu a la caja

    tercera trabajadora
pero la verdad es que sí tenía prisa, solo había
venido para traerme un ramo de flores

    segunda trabajadora
oh, ¡qué bonito!
muy romántico

    cuarta trabajadora
el capullo más bello es el que lleva el marido col-
gando

    primera trabajadora
y me río y me río

un muslo, otro muslo, fijuuu a la caja

    tercera trabajadora
él está...
él está...

más allá
más allá

primera trabajadora
él es todo lo que mi marido no es ni nunca fue ni
nunca será
él es todo lo que yo he deseado

tercera trabajadora
él es perfecto

un muslo, otro muslo, fijuuu a la caja

*la ya no joven muchacha, que soy yo, sigo cayéndome de la
camilla de ruedas de la ambulancia, y mientras caigo*

joven muchacha
janez, pero no estabas...

*cayéndome veo delante de mí a mi amiga cuyo cabello peli-
rrojo brilla en el sol*

amiga
¡qué ilusión!

*mientras la joven muchacha le dice a janez que pensaba
que había salido de viaje, o no*

joven muchacha
pensaba que habías salido de viaje, o no

janez
tenía que verte, he vuelto dos días antes

joven muchacha
no entiendo, decías que...

*estoy cayendo, mientras la señora sesentona y su vestido ro-
jo se encuentra delante del espejo de su habitación, cosa que
nos parece obvio porque ya no hay ningún letrero de boutique stella ni tampoco hay torsos de plástico con vestidos coloridos, ni tampoco está zvezdana, la cual también podría
llamarse cvetana, pero entonces probablemente en el letrero
pondría boutique fiore, y tal vez, en este caso, un nombre
como boutique fleur sonaría aún más cosmopolita, perma-
nece el espejo, aunque tal vez no sea el mismo de antes, pero sigue sosteniéndolo el tramoyista, y además de este
tramoyista también hay otro tramoyista que sostiene un re-
loj de pared, ambos hacen como si no estuvieran presentes,
lo cual no es muy difícil para ellos, ya que para la actriz
profesional que hace el papel de una mujer sesentona, ellos
ni siquiera están presentes*
*la mujer sesentona se contempla en el espejo, mientras tan-
to, yo caigo de la camilla con ruedas de la ambulancia, sigo
cayéndome, aún sigo cayéndome, cayéndome y pensando en
qué diferencia hay entre el yo que empezó haciendo su trabajo con ganas y el yo que con los años solo sigue currando
y esperando a ver cuando acaba la jornada lo antes posible,*

qué diferencia hay entre yo y una prostituta, pues digo yo
que a la segunda al principio también le gustaría follar
mientras sigo cayéndome la señora sesentona espera con
impaciencia a que llamen a la puerta
y llaman a la puerta

la primera trabajadora abre la puerta
entra janez

 primera trabajadora
¿y a ti qué te pasa, estás loco?

 janez
si él no está en casa...

 primera trabajadora
ya, claro, pero...

 janez
tenía que verte...

dice janez mientras yo sigo cayendo, mientras la joven mu-
chacha chupa ron sacado aún de los tiempos de yugoslavia,
donde hay un velero rojo dibujado con velas blancas, tenía
que verte, dice janez y besa a la primera trabajadora

 janez
¿qué tal?

primera trabajadora
no sé, ahora completamente me...
podría despertarse el niño, si te ve y se lo dice...

janez
ahora mismo me voy, solo he venido a ver si
estás bien

primera trabajadora
estoy bien, él no volverá hasta finales de esta se-
mana, claro que estoy bien

janez
¿otra vez te ha levantado la mano?

primera trabajadora
antes de irse, pero no ha sido para tanto

janez la abraza

janez
aguanta un poco más, ¿vale?

la primera trabajadora lanza una sonrisa

primera trabajadora
vale

janez y la primera trabajadora se besan

un muslo, otro muslo, fijuuu a la caja

      tercera trabajadora
es perfecto

un muslo, otro muslo, fijuuu a la caja

      tercera trabajadora
él es todo lo que siempre he deseado que fuera
un hombre

él es todo lo que siempre he deseado que fuera un hombre

      primera trabajadora
cariñoso y tranquilo

      joven muchacha
divertido y salvaje

      señora sesentona
con educación y capaz de mantener una conver-
sación

      enfermera
habla poco
y tiene la polla más bonita del mundo

pienso para mí, mientras tengo claro que la vida se irá escurriendo de esta chica, durante la mañana la médica sigue haciendo un esfuerzo, lo intenta, pero yo lo veo con claridad y me gustaría poder escaparme, no puedo estar presente cuando otra joven vida se escurra, estoy aquí, haciendo como si estuviera, pero sin estar, pero mientras tanto me he escapado a un balneario, a un balneario con la polla más bonita del mundo, allí debería estar ahora mismo, pero ahora todos mis planes se han caído al agua, tuve que volver dos días antes a casa, dos días habría sido suficiente para sentirme viva otra vez, mientras se le escurre la vida a esta joven

mientras se escurre la joven vida, sigo cayéndome de la camilla con ruedas de la ambulancia
el auxiliar que me ha traído, intenta agarrarme, veo cómo intenta cogerme, más bien lo siento, no tanto lo veo, pues veo a la amiga cuyo cabello pelirrojo brilla en el sol vespertino

amiga
¡qué ilusión!

pero sospecho que está aquí, que intenta agarrarme, que hace un esfuerzo, aunque también me pregunto, cayéndome, por qué, por qué un perfecto desconocido intentaría

66

agarrarme en mitad de la noche por 800 euros limpios,
preferiría ir a tomar el aire fresco, a fumarse un pitillo, a
tomarse un café, supongo que no podrá tomarse un chupi-
to, aunque por 800 euros tampoco lo sé, por qué no, pien-
so, cayéndome,
de verdad no sé por qué se empeña, por 800 euros limpios
también me podría dejar, el encuentro cercano con el duro
suelo no sería ni mi primera ni mi última vez, por 800
euros limpios no le haría falta arriesgar su columna lum-
bar, todo esto se me cruza por la cabeza mientras sigo
cayéndome, mientras sospecho que el auxiliar intentará
salvarme
y luego ya no sospecho nada más
luego estoy ya más allá
más allá donde el auxiliar ya no salva vidas por 800 eu-
ros limpios al mes
más allá donde la señora sesentona no pregunta si tal vez
no es demasiado vieja para un vestido rojo

señora sesentona

es joven y qué más da, hoy día eso ya no es tan
importante, quiero decir, mi excompañero de
trabajo, ahora jubilado, es diez años mayor que
yo y cuando enviudó se buscó a una mujer casi
veinte años menor, ella apenas ha pasado de los
cincuenta, eso para él no es ningún problema, no
ha provocado ningún escándalo en particular, y
menos habladurías, tiene unos veinte años menos

y punto, digo, y qué, es un hombre maduro, muy maduro, pocas veces una se encuentra con un hombre tan maduro, los hombres casi siempre tienden a ser..., bueno, a lo que voy es que entre nosotros esos veinte años ni se nota, él es maduro, es leído, es sabio, yo por mi cuenta también..., pues sí, puedo afirmar que soy joven de espíritu
y eso también se ve por fuera
él es...
no sé dónde ha estado todos estos años
a veces pienso que hasta ahora no sabía lo que era el amor
a pesar del matrimonio y unas relaciones de varios años

la señora sesentona habla sola delante del espejo, mientras
espera a que llamen a la puerta
y llaman a la puerta
la señora sesentona abre la puerta
y entra janez con un ramo de flores

    señora sesentona
oh, ¡qué bonitas son!

    janez
la virgen, ¡eres requeteguapa!

la señora sesentona siente vergüenza, sigue pareciéndole que janez tal vez habla por hablar, pero en verdad piensa que la señora sesentona con el vestido rojo por fin ha mostrado que no es más que una zorra necesitada a la que hay que dar por perdida, pero mientras yo me voy más allá y mi cuerpo sigue cayéndose, janez logra convencer a la señora sesentona que realmente está muy guapa con ese vestido rojo y de alguna forma

los jugos del cuerpo de la señora sesentona vuelven a revivir y a fluir y el cuerpo recuerda cómo es estar firme y descansado y vivo y la mente recuerda cómo es tener curiosidad y ser traviesa y juguetona y la señora sesentona recuerda cómo es estar excitada y alegre y soñadora y la señora sesentona recuerda cómo es volar

y la señora sesentona con el vestido rojo, para el cual no es demasiado vieja empieza a volar hacia más allá

hacia más allá donde ahora yo me encuentro

y más allá nos encontramos

un velero rojo con velas blancas
mar

    médica
la estamos perdiendo, la estamos perdiendo

    joven muchacha
veo a todo tipo de gente alrededor de mi cuerpo
veo como la vida se escurre de mí

veo las gotas de sudor en la frente de la médica
mientras estoy muriendo, por lo visto me muero
de verdad, por lo visto dios ha respetado mi
súplica disparatada

médica
¿por dios qué ha ocurrido?

joven muchacha
y justamente hoy, cuando deseaba vivir, hoy que
iba a tener una cita con janez
ayer apareció como en un sueño, como una ilusión, como en un cuento

llaman a la puerta

joven muchacha
señora jolanda, ¿acaso no es demasiado tarde?

detrás de la puerta se oye una voz de hombre

janez
soy yo

la joven muchacha de repente entra en pánico

joven muchacha
¿janez?

janez
sí, soy yo

la joven muchacha rápidamente se levanta, se arregla el
vestido, se limpia las lágrimas, se contempla en el espejo
delante de la puerta, pánico, pánico

joven muchacha
¿y tú qué haces aquí?

janez
he venido...
¿me abres?

joven muchacha
sí, sí, claro que te abro

la joven muchacha otra vez se mira en el espejo, se arregla
lo que se puede arreglar, y abre la puerta

janez
hola

joven muchacha
qué te pasa...
digo, hola
acaso no...

janez
no voy a quedarme, tengo que irme, ya sabes, solo quería verte

joven muchacha
pero habías salido de viaje, o no

janez
tenía que verte, he vuelto dos días antes

joven muchacha
no entiendo, habías dicho que...

*y ahora janez besa a la joven muchacha, la calla con un
beso, como en una película bonita*
*janez y la joven muchacha se besan, la joven muchacha se
aparta*

joven muchacha
lo siento, no te esperaba..., he bebido y he fumado

*janez no dice nada, solo la besa y la besa más y más, como
en una película bonita, en lugar de una respuesta él la besa
y se besan más y más*
así se besan janez y la joven muchacha

y la joven muchacha se olvida de que hacía unos instantes
tenía un fuerte deseo de morir y no sabe que ha desatado
un proceso en el devenir de los acontecimientos
no sabe que san pedro ha aceptado la solicitud rellenada,
la ha sellado y la ha reenviado a una instancia mayor
y la instancia mayor ha empezado a cumplir el deseo
allá arriba este tipo de trámites suceden con menos compli-
caciones

ya no joven muchacha
¡no!

¡no! grito, ¡no! y hay un eco por los pasillos, ¡no!, no grito
porque estoy a punto de, solo me falta muy poco, un poqui-
to más, no grito porque estoy a punto de vivir mi enésimo
encuentro cercano con el duro suelo, que se joda el duro sue-
lo, ¡no! grito porque ese de arriba ha empezado a cumplir
el deseo de la joven muchacha, ¡no! grito por eso

ya no joven muchacha
¡no!
¡no! retumba el eco más allá, ¡no! retumba arriba, pero el
deseo ya está registrado, ya tiene el sello, ya está tramitán-
dose, cumpliéndose, ¡no!, la muchacha es demasiado joven,
¡no!

la joven muchacha y janez se besan, aquí y ahora, como si
no hubiese otra cosa en el mundo, como si san pedro no

hubiese sellado la solicitud, la joven muchacha besa como si
besara por última vez

médica
¡no!

joven muchacha
has venido

janez
sí, lo siento, la otra vez estaba fuera de sí

estaba fuera de sí, dice janez y besa a la joven muchacha

segunda trabajadora
bueno, y luego qué, vino..., ¿y?

tercera trabajadora
entró por la puerta con un ramo de flores más
grande que él

un muslo, otro muslo, fijuuu a la caja

cuarta trabajadora
aunque a primera vista mide un metro noventa

primera trabajadora
y se ríe

y yo también me río
y nos reímos
con un ramo de flores más grande que él, aunque
a primera vista mide un metro noventa, pues sí
tiene su gracia

      tercera trabajadora
sí, ya os lo digo

*aparece en la puerta alguien con un ramo de flores, gigante,
colorido, un ramo precioso, más grande que el portador de
las flores*

      tercera trabajadora
a primera vista diría que un metro noventa

      el que ha entrado con las flores
amor mío
¡amor mío!
¡amor mío!

*la primera trabajadora se apresura a la cocina, con el de-
lantal y las manos sucias de harina, de masa, o de cualquier cosa que pueda haber en la cocina*

      primera trabajadora
ay, ¡qué ramo más bonito, pero si es precioso!

el que ha entrado con las flores
felicidades por el aniversario, amor mío

qué romántico

primera trabajadora
ay, te has acordado, ay, gracias, espera que me se-
que las manos

el que ha entrado con las flores
podrías darme un piquito

*la primera trabajadora se inclina sobre las flores y le da un
piquito al que ha entrado con las flores
el que ha entrado con las flores la abraza con un solo brazo, la primera trabajadora se aparta un poco*

primera trabajadora
espera, solo que me lave las manos, justo me pi-
llas con las manos en la masa

el que ha entrado con las flores
ay, pero sí podrías darme un piquito

*el que ha entrado con las flores agarra con más fuerza a la
primera trabajadora
la primera trabajadora se escabulle con una sonrisa*

        primera trabajadora
anda, venga ya, no seas tan impaciente

y luego de pronto
así sin más desde la nada
el que ha entrado con las flores le pega a la primera traba-
jadora
la primera trabajadora se aparta, pero es demasiado lenta,
está demasiado asustada y sabe de sobra que no le servirá
de nada
en cuanto vio las flores, supo exactamente lo que le espera-
ba, aunque sin embargo deseaba de modo ingenuo que hoy
tal vez fuera diferente
ya que las flores solo pueden significar una cosa
un aniversario de boda día de la madre día de san valentín
primer día de verano gregoriano día nacional día de com-
promiso día de la república primer día de primavera día
de la juventud día de la ascensión de la virgen día de la
cultura día de la natividad de la virgen
día de
a veces también puede ser noche de
y muchas más cosas
y él es muy atento y nunca olvida detalles importantes
él es
él es

        tercera trabajadora
¡él es perfecto!

médica

¡no!

el que ha entrado con las flores agarra a la primera traba-
jadora del pelo y la arrastra hacia sí
¡no! gritaría la primera trabajadora, pero no lo hace
sabe demasiado bien que no le servirá de nada
el que ha entrado con las flores le dice todo tipo de cosas a
la primera trabajadora que no tienen lugar en el ámbito de
las bellas letras, y mucho menos en el teatro, todo tipo de
cosas desagradables malas degradantes vergonzantes asque-
rosas insultantes groseras burlonas maléficas repugnantes
mientras dice estas cosas para las cuales aquí no hay lugar
le dobla el brazo tras la espalda, y la primera trabajadora
ni siquiera pone resistencia, como si su cuerpo solo fuera
un pedazo de tela con el que puede hacer lo que le viene en
gana
el que ha entrado con las flores le tuerce el brazo tras la
espalda, con la rodilla la empuja hacia el suelo, con una
mano la agarra y con la otra se abre la cremallera
y sigue diciéndole
todo eso que ya hemos comentado más arriba

mujer sesentona

¡no!

¡no! gritaría la primera trabajadora, pero no lo hace
sabe demasiado bien que no le servirá de nada

enfermera
¡no!

¡no! gritaría la primera trabajadora, pero no lo hace
sabe demasiado bien que no le servirá de nada

ya no joven muchacha
¡no!

¡no! gritaría la primera trabajadora, pero no lo hace
sabe demasiado bien que no le servirá de nada

un juez en una toga ridícula
un fiscal en una toga ridícula
un abogado en una toga ridícula

juez en una toga ridícula
conteste, por favor
¿entonces usted dijo «no» o no lo dijo?

el que ha entrado con las flores viola a la primera trabaja-
dora, y como una violación brutal no tiene cabida en el tea-
tro, o por lo menos es de bastante mal gusto, hemos puesto
adrede ese ramo de flores grande
gigante, colorido, precioso,
exquisito
ese ramo de flores grande y exquisito que puede ocultar un
acto tan desagradable

el tramoyista por ejemplo puede sostener de modo invisible
el ramo de flores gigante, colorido, precioso
exquisito
ese ramo de flores tan exquisito que puede ocultar un acto
tan desagradable

sigue a continuación una escena de una violación brutal
que por tanto no vemos

      primera trabajadora
esa mujer con la que el hombre está desahogán-
dose, esa soy yo

la ya no joven muchacha sigue cayéndose de la camilla con
ruedas de la ambulancia
el auxiliar que la ha traído sigue intentando sujetarla, si-
gue a pesar de su columna lumbar y su sueldo limpio
la ya no joven muchacha, que soy yo, aún sigue sin haber
experimentado su enésimo encuentro cercano con el duro
suelo

      primera trabajadora
el cuerpo de allí, con el que mi marido desahoga
su polla, ese cuerpo soy yo

un juez en una toga ridícula
un fiscal en una toga ridícula
un abogado en una toga ridícula

juez en una toga ridícula
conteste, por favor
¿entonces usted dijo «no» o no lo dijo?

primera trabajadora
no he dicho nada porque ya no tengo voz
espero ponerme bien
lo de las flores de todas formas fue un adelanto
mañana me comprará un pañuelo nuevo o una
camiseta o tal vez un vestido, si le viene en gana

*el segundo tramoyista trae al escenario un torso de plástico
donde cuelga
un vestido de verano amarillo claro precioso de la boutique
stella
que también puede llamarse fleur
y luego
luego
así como en la obra donde una joven purificada muerta
hace veinte años*

*más allá
más allá*

*más allá donde una joven muerta hace veinte años camina
por un interminable campo de lavanda
más allá donde yo camino por un interminable campo de
lavanda*

mientras mi cuerpo sigue cayendo
sigo cayéndome de esa camilla con ruedas de la ambulancia
y el auxiliar sigue intentando cogerme
y mientras caigo, sé que no lo va a lograr, que ahora mis-
mo va a tener un pinchazo lumbar

       primer auxiliar
joder

exclama mientras se agarra la zona de la columna lumbar
con la mano derecha

y mientras yo caigo y mientras ya estoy más allá

más allá en un campo interminable de lavanda

me pregunto cuánto es el sueldo limpio de un diputado en
una democracia
parlamentaria

       primer auxiliar
joder

y luego
luego
luego un narciso cae del techo
y otro

y otro
y más

    primera trabajadora
yo no digo nada, solo sigo aguantando un poco
más

    janez
aguanta un poco más

    primera trabajadora
mientras ese cuerpo enfermizo no dice nada ni
hace nada
mientras ese cuerpo humillado espera a que pase,
tiene que esperar a que pase, no puede decir nada
y no puede hacer nada, pues de lo contrario sería
peor, si se opusiera, si dijera algo, sería solo peor,
dolería aún más, tardaría aún más, mientras tengo
que esperar a que pase, perra perra perra y no
tengo adonde ir, tengo que esperar a que pase,
cuando es tiempo de espera, tengo que estar ca-
llada, cuando es tiempo de silencio
mientras pienso en ti

    janez
aguanta un poco más, ¿vale?

la primera trabajadora suelta una sonrisa

primera trabajadora

vale

janez y la primera trabajadora se besan
del techo caen narcisos
así como en la obra donde una joven purificada muerta
hace veinte
años

más allá
más allá

un muslo, otro muslo, fijuuu a la caja

un narciso
y otro
y otro
y más

mientras que el que ha entrado con las flores viola brutal-
mente a su mujer, escena que no vemos porque un tramo-
yista sostiene delante de ellos un ramo de flores gigante,
colorido, precioso, su mujer sigue más allá besándose con
janez
más allá también me encuentro yo, mientras sigo cayéndo-
me en las urgencias hacia el duro suelo

y luego

      médica
¡no!
le dije que no porque ya no aguantaba más que
babeara sobre mí, no y no

      marido de la médica
¿qué mosca te ha picado otra vez?

      médica
no me ha picado nada

      marido de la médica
¿entonces qué?

      médica
ya te dije ayer lo que pasaba

      marido de la médica
¿en serio?

      médica
sí

      marido de la médica
pero si a ti no te falta de nada

      médica
sí

marido de la médica
si tienes todo lo que deseas

¿qué puedo responderle a eso?

médica
sí

marido de la médica
soy un buen marido para ti

¿ahora qué le digo?

médica
sí

marido de la médica
además te quiero

la quiere de verdad

médica
sí

marido de la médica
gano bien, hago muchas cosas en la casa, no hace
falta que me mantengas

¿qué le va a decir? ¿qué le va a contar?

médica
sí

marido de la médica
cuido de los niños, salimos juntos, hacemos cosas
juntos, follamos a menudo

*¿le cuenta que si bien él folla a menudo ella también espera
a menudo a que termine lo antes posible?*

médica
sí

marido de la médica
soy responsable, soy fiable, soy ordenado

*¿le dice que le gustaría que fuera menos ordenado, que por
ejemplo durante el sexo no se limpiara a escondidas el sudor de las manos con la sábana?*
*¿le dice que desea a alguien que le chupe con ganas el co-
ño?¿le recuerda que al principio se lo chupaba una vez al
mes, pero ahora ya hace años que no baja a esas esferas?*

médica
deseo a alguien que me chupe con ganas el coño,
que con ganas me lama el sudor, que me taladre
la lengua en el ano y al que yo le taladre la lengua
en su ano, alguien que me eche un buen polvo
como si fuera la última puta en el espacio, y que
también así me lo diga, alguien que me eche un
polvo como si fuera la primera reina del espacio,
y que también me lo diga, alguien que me dé por
culo y luego me meta la polla en la boca, alguien
que haga ruido follando, alguien que disfrute con
mi cuerpo, alguien que me permita disfrutar de
mi cuerpo, al que le pueda lamer el sudor de
cualquier parte del cuerpo, alguien que me quiera
comer enterita, desde los dedos de los pies hasta
el último pelo de la cabeza, alguien que yo quiera
comerme entero y quiera comérmelo una y otra
vez y que después él me quiera una y otra vez más
follar, lamer, mordisquear, estrujar y más
y más
y ese joder no eres tú
no eres tú, nunca lo has sido ni nunca lo serás
¿le digo eso?
no
no le digo eso

un juez en una toga ridícula
un fiscal en una toga ridícula

un abogado en una toga ridícula

juez en una toga ridícula
conteste, por favor
¿entonces usted dijo «no» o no lo dijo?

médica
sí
le contesto
le contesto que sí cuando él mismo comprueba
que es ordenado
y de verdad es ordenado

marido de la médica
¿tienes a otro?

médica
ahora hemos llegado a este punto, pienso
no digo nada, aún no
me acuerdo de esa joven muchacha que ayer mu-
rió en mis brazos

de aquella joven muchacha de la cual aún no sabemos si
morirá al final de la obra de teatro o si va a ocurrir un
milagro
la médica se acuerda de aquella joven muchacha
se acuerda de esa vida que va escurriéndose
y luego

médica
sí

porque no quiere que su vida se escurra de su cuerpo vivo

médica
sí, tengo a otro

el marido de la médica no responde
el marido de la médica ahora reflexiona cómo debería reaccionar
cionar
cree que debería guardar la dignidad
y luego piensa que tal vez sería más inteligente mostrar alguna emoción
tal vez tristeza, pero luego le parece que la tristeza no es la emoción más óptima para un marido cornudo y sopesa si no sería más apropiado enfadarse
vacila entre esta, esa y aquella posible reacción, se le ocurre que tal vez lo más razonable sería si fuera comprensible, pero tampoco las tiene todas consigo
mientras el marido de la médica reflexiona sobre cómo reaccionar a la demanda de divorcio de su mujer, la médica y janez, y naturalmente es janez aquel que le echa un polvo como dios manda, naturalmente es janez, quién si no podría ser

señora sesentona
un milagro

es realmente un milagro, jolanda, te lo digo yo

jolanda
de verdad no habrás...

señora sesentona
sí, de verdad

la señora sesentona suelta una risita tonta
jolanda suelta una risita tonta
sentadas alrededor de una pequeña mesa redonda de cafe-
tería tomando café de tazas de porcelana, con un motivo
artístico dibujado de pequeñas flores rojas, azules y blan-
cas, soltando unas risitas tontas

un narciso
y otro

jolanda
venga, anda ya, dale la vuelta a la taza

la señora sesentona le da la vuelta a la taza con un motivo
artístico dibujado de pequeñas flores rojas, azules y blan-
cas, y lo coloca bocabajo en un platillo de porcelana

jolanda
¿encendemos un pitillo?

un velero rojo con velas blancas
mar

señora sesentona
ay, jolanda, no sé si debería

jolanda
venga, vamos ya, en ocasiones como esta lo suyo
además es echar un trago

jolanda y la señora sesentona sueltan unas risitas tontas
jolanda se pone de pie en la silla y con el brazo intenta al-
canzar encima del armario, justo al fondo, apenas llega,
estira el brazo, exhala, la silla se tambalea, tal vez ella
también pueda caerse, ¡upa!, no, no se cae, de lo alto del
armario saca una polvorienta cajetilla de cigarrillos, sin
imágenes horribles, y una caja de mixtos

¿tú sabes por qué las mujeres tienen los brazos más largos
que los hombres?

jolanda y la señora sesentona sueltan unas risitas tontas y
encienden sendos cigarrillos, larga inhalación, larga ex-
halación, aaaaa
y eeee
jolanda y la señora sesentona de nuevo son colegialas fu-
mando cigarrillos en la leñera robados al abuelo de jolan-
da, y tienen toda la vida por delante

y el mundo entero yace antes sus pies
y
aaaaa

jolanda
¿tú te has enamorado de verdad? ¿pero de verdad
de la buena?

señora sesentona
mhm

jolanda
por eso hay que beber

señora sesentona
sí, pero no estoy segura, si él también...

jolanda
claro que él también, si te tiene en un pedestal,
¿acaso crees que solo lo hace para tirarse a una tía
mayor? por favor

la señora sesentona estalla en risas, se le atraganta el
humo y empieza a toser
se ríen a carcajadas

señora sesentona
consulta la taza y lo sabremos

mientras el marido de la médica reflexiona sobre cómo re-
accionar a la demanda de divorcio de su mujer, la médica y
janez, y naturalmente es janez el que le echa un polvo co-
mo dios manda, claro que es janez, quién si no podría
hacer tal cosa

tercera trabajadora
un milagro
de verdad un milagro, chicas, os lo digo yo

un muslo, otro muslo, fijuuu a la caja

cuarta trabajadora
bueno, anda, vas a contar algo o no

un muslo, otro muslo, fijuuu a la caja

tercera trabajadora
eso es todo, es la verdad, me trajo flores, completamente inesperado, vino dos días antes de tiempo de un viaje de negocios y vino a verme, antes
de irse a casa

segunda trabajadora
con su mujer

tercera trabajadora
bueno, sí...
las cosas no van tan rápido, no

janez
aguanta un poco más

médica
no puedo, no puedo más, voy a correrme, deja
que me corra

janez
un poco más, anda, aguanta un poco más

*mientras el marido de la médica reflexiona sobre cómo re-
accionar a la demanda de divorcio de su mujer, la médica y
janez, y naturalmente es janez aquel que le echa un polvo
como dios manda, naturalmente es janez, quién si no
podría hacer tal cosa, joder, un milagro de verdad, la médica se vuelve loca de lubricidad, un poco más y va a correrse,
más allá con janez, más allá con janez y no se pasea por
interminables campos de lavanda, está a punto de correrse,
ese orgasmo de más allá también va a resonar aquí, va a
resonar aquí mismo donde el marido de la mujer todavía
está viendo cómo va a reaccionar ante la demanda de divorcio, un poco más y se correrá, mientras yo aún no he llegado al duro suelo, falta un poco más, solo un poquito más*

tercera trabajadora
¿pero no es buena señal que primero haya venido
a verme a mí, solo para verme?

cuarta trabajadora
¿te ha empotrado bien con su polla de oro o no?

primera trabajadora
me río
solo porque me da vergüenza porque pienso en tí
porque todo el tiempo estoy pensando en ti

un muslo, otro muslo, fijuuu a la caja

tercera trabajadora
no, bueno, tenía que irse

janez
no voy a quedarme, tengo que irme, ya sabes, pero tenía que verte

joven muchacha
pero has salido de viaje o no

janez
tenía que verte, he vuelto dos días antes

joven muchacha
no entiendo, dijiste que...

*y ahora janez besa a la joven muchacha, la calla con un
beso, así como en una bonita película
janez y la joven muchacha se besan*

tercera trabajadora
pero él es...
él de verdad es...

señora sesentona
limpio y ordenado

médica
apasionado e imprevisible

primera trabajadora
atento y precavido

enfermera
directo y sin complicaciones
por fin uno que no es suavón, gracias a todo dios
misericordioso en los cielos, por fin uno que no
quiere de mí otra cosa que eso mismo que yo
también quiero, uno con el que no hace falta
hablar ni intercambiar mensajes, uno que no hace

falta ocuparse de él, que viene cuando una quiere
y se larga cuando es su hora
bueno, a veces también viene dos días antes de
tiempo

un velero rojo con velas blancas
inhalación y exhalación de una bocanada de humo

la joven muchacha se aparta

joven muchacha
perdona, no te esperaba..., he bebido y he fumado
has venido

janez
sí, lo siento, la última vez estaba fuera de mí

Expresiones metafóricas como estar consigo
mismo o estar fuera de uno mismo etc. demues-
tran por su forma la percepción humana de la
personalidad como dividida en varias partes. ¿De
qué otro modo entonces podemos responder a la
pregunta de quién está con quién o quién está
fuera de quién? Sin esto, tampoco podemos
hablar de una relación entre un sujeto y el pro-
nombre de uno mismo (en sus múltiples formas).
Se trata de una transferencia de la relación entre
diferentes individuos a la relación dentro de una

entidad, que se percibe como un grupo de dos entidades, por una parte, el SUJETO, que es la sede de la subjetividad, la conciencia (juicio, emoción, voluntad), y, por otra parte, el SÍ MISMO, que incluye características físicas y roles sociales (acción en el mundo externo). En el contexto de la comprensión de la metáfora conceptual, se trata de la metáfora de la doble personalidad. Lakoff (Lakoff 1996 «the divided person metaphor») presenta un análisis conceptual de la vida interior de la personalidad e identifica algunas características que son constantes en el sistema:

1. el funcionamiento normal está controlado y es libre de incompatibilidades internas;

2. el SUJETO y el SÍ MISMO están distribuidos espacialmente de tal forma que el SUJETO tiene poder sobre el SÍ MISMO;

3. la posición espacial del SUJETO está en la misma parte del espacio que el SÍ MISMO;

4. el SUJETO está dentro del SÍ MISMO o directamente encima o en posesión del SÍ MISMO.

La constante recurrente más notable es, pues, la relación espacial entre el SUJETO y el SÍ MISMO.

Veamos cómo se expresan fraseológicamente estas relaciones en esloveno dentro de la metáfora de la doble personalidad, que en el análisis de Lakoff es la metáfora primera y portadora de la vida interior:

1. Se supone que la relación espacial adecuada entre el SUJETO y el SÍ MISMO asegura la normalidad (o el bienestar), emoción, estado psíquico:

a) proximidad espacial: cada uno está más cerca de sí mismo, estar consigo mismo – estar bien consigo mismo – tener la cabeza ordenada;

b) el SUJETO está dentro del SÍ MISMO: adentrarse (profundamente) en sí mismo, adentrarse/hundirse/profundizar en sí mismo, ensimismarse/sumergirse en sí mismo; "encarnarse" en SÍ MISMO: sentirse [¿cómo?: bien, mal] bien en su propia piel.

2. La relación espacial discorde entre el SUJETO y el SÍ MISMO causa sentimientos, emociones, estados psíquicos «anormales»/malos:

a) separación espacial de SUJETO y SÍ MISMO: estar (todo, entera y completamente...) fuera de sí, (totalmente) fuera de lugar, estar fuera/dentro; «encarnarse» fuera de SÍ MISMO: no quiero hallarme en mi pellejo, ¡saltar de mi propia piel!

b) disposición errónea – SÍ MISMO dentro del SUJETO: una persona llena de sí misma.

(fragmento adaptado siguiendo a Erika Kržišnik, en: *Vsak je sebi najbližji - ali res?, Drugačnost v slo-*

venskem jeziku, literaturi in kulturi, Filozofska fakulteta, Ljubljana, 2016)[1]

janez
sí, lo siento, el otro día estaba fuera de mí mismo
no pensaba

no pensaba, dice janez y besa a la joven muchacha

joven muchacha
pensaba de verdad que te había ahuyentado

janez
no, lo siento, la verdad es que había demasiado
de todo, pero me gustaría...
me gustaría que nos viéramos, digo, tanto como
sea posible dada nuestra situación, ya sabes
¿me entiendes?

joven muchacha
sí, entiendo
siento haberte forzado

---

[1] Traducción al español del título: *Soy el más cercano a mí mismo, ¿o no? Otredad en la lengua, literatura y cultura eslovena*, Facultad de Filosofía y Letras, Liubliana, 2016.

janez
no, no, yo he exagerado, te pido disculpas
¿me perdonas?

la joven muchacha lo mira con lágrimas en los ojos, claro,
claro que sí lo perdona, siempre lo perdonará, piensa ella
para sus adentros, perdonará todo y más, piensa, lo mira
con lágrimas en los ojos llenos de perdón, por decirlo de al-
guna forma, el perdón le sale a bramidos por los ojos, ja-
nez la besa y en fin todo es como en una película bonita o
en una serie

janez
he venido a preguntarte si mañana quieres tener
una cita conmigo

joven muchacha
¿una cita?
quieres decir, ¿una de verdad?

janez
sí, una cita de verdad
digo, claro, dentro de lo que cabe en nuestra situación...
bueno, una cita, para estar juntos

joven muchacha
ay, janez, claro que me gustaría tener una cita
contigo

la joven muchacha besa a janez
la joven muchacha y janez se besan
se besan en su piso que lo ha heredado de la tía de su padre
junto con el ron y tal vez con algo más, se besan en un
campo interminable de lavanda, bailan en campos inter-
minables de lavanda, la joven muchacha y janez bailan

mar

médica
¡no!

joven muchacha
¡no! exclama la médica que da el callo alrededor
de mi cuerpo
¡no! exclama al ver que falta muy poco, muy poco
falta y ya no estaré
¡no! exclama al ver que no podrá salvarme

presión atmosférica

joven muchacha
llévame lejos, prefiero que me arrastre lejos, prefiero dejar que me lleve más allá, hacia los inter-

minables campos de lavanda, donde bailo, donde
bailo con janez, prefiero dejar que me lleve más
allá, para poder
bailar

campos interminables de lavanda
joven muchacha bailando
baila
baila

médica
aguanta un poco más, aguanta un poco más

janez
aguanta un poco más

médica
no puedo, no puedo, no puedo más

y aaaaa
y sol
y mar
y

la gorda italiana vuelve a poner en escena su magnífico
trasero
todo vuelve a desaparecer
abracadabra

y si no desaparece, ya que es muy difícil que todo desaparezca en el teatro, podemos fingir que todo ha desaparecido, todo se queda en silencio, el técnico de iluminación apunta el foco a la gorda italiana, la gorda italiana mueve lentamente su poderoso culo por el escenario hasta la rampa, de modo lento, lento, lento

mientras la joven muchacha está muriéndose, ahora sí que está claro que morirá en cualquier momento

mientras el que ha entrado con las flores viola a la primera trabajadora

mientras la ya no joven muchacha sigue cayéndose de la camilla con ruedas de la ambulancia, mientras mi cuerpo sigue cayéndose, y yo estoy más allá

amiga
¡qué ilusión!

yo ya estoy bailando en campos interminables de lavanda

la gorda italiana con su impresionante culo todavía no ha llegado a la rampa, solo para decir una vez más una frase que no tiene sentido y que, por mucho que nos agarremos a un clavo ardiendo, no puede, según ninguna lógica del más acá, conectarse significativamente con nada de esta obra de teatro incluso con alegría

mientras el marido de la mujer sigue reflexionando sobre cómo es la mejor forma de reaccionar ante el hecho de que su mujer lo engaña, sigue sin decidirse qué opción sería la más prudente sensata lógica lista valiente sopesada razonada racional premeditada comprensible inteligente aguda consecuente justa clara
crítica y transparente también
pero sobre todo en su sano juicio

la gorda italiana con su culo gordo, ante el cual ningún ser sexual normal y corriente puede mantenerse impasible, se bambolea a paso lento hacia la rampa
tal vez hasta por un momento el marido de la médica, pero solo por un infinitesimalmente breve momento pierde la compostura y tal vez hasta la mirada del marido de la médica se dirige hacia la italiana redonda, naturalmente solo por un momento infinitivamente breve, se encuentra más allá con la mano sobre el trasero de la italiana y quizá aún más profundo
por un momento infinitamente breve, puesto que todavía no ha resuelto asuntos más importantes

un muslo, otro muslo, fijuuu a la caja

cuarta trabajadora
¿nada de nada? ¿completamente nada?

la tercera trabajadora suelta una sonrisa traviesa

primera trabajadora
se ríe de modo travieso y todos entendemos que
es justo ahora cuando todo va a empezar

un muslo, otro muslo, fijuuu a la caja

la tercera trabajadora se ríe de modo travieso, y si esto fue-
ra una película, la siguiente escena se desarrollaría en el
vestíbulo del piso de la tercera trabajadora, janez le daría
flores, y le bajaría los pantalones y las bragas y fijaría la
mirada en su entrepierna, él la lamería allí mismo en el
vestíbulo, de pie tal cual, la tercera trabajadora ni siquiera
conseguiría decir una palabra, ni siquiera una franca res-
piración, ella empezaría a respirar superficialmente luego
bastante rápido y rápido y más rápido, janez jugaría con
sus labios vaginales inferiores, con su clítoris, una y otra
vez lo justo como para lograr que la tercera trabajadora
llegara al cielo, al séptimo cielo y más allá, luego le permi-
tiría que ella acariciara su polla tiesa, pero qué digo, tiesa
y dura como acero capaz de cascar una nuez, ella se la
acariciaría, aún descompuesta del orgasmo, luego janez la
besaría y cuando él se fuera, solo permanecería en el vestí-
bulo un rastro de la dulce promesa de la polla, de la polla

dura como acero capaz de cascar una nuez, claro, si esto
fuera una película
pero no es una película, es una representación de una obra
de teatro en un ambiente de teatro bastante polvoriento y la
dulce promesa de la polla no tiene cabida en el escenario
así como tampoco la violación brutal
así que la tercera trabajadora solo se ríe de modo travieso y
dice

tercera trabajadora
yo no digo nada

primera trabajadora
dice yo no digo nada, dice y entonces los cuatro
nos reímos, la dulce perspectiva de la descripción
de nuestras aventuras de cama está en el aire, las
cuatro estamos deseando que llegue, también yo,
mientras pienso en ti, en ti dentro de mí, sin parar

cuarta trabajadora
anda, venga, escuchemos

un muslo, otro muslo, fijuuu a la caja

y esto no hace más que empezar

tercera trabajadora
solo diré que él es...

cuarta trabajadora
¿perfecto?

segunda trabajadora
¿para casarse con él?

tercera trabajadora
sexi y gentil

joven muchacha
romántico y leal

médica
indomable e insaciable

señora sesentona
sofisticado y culto

un muslo, otro muslo, fijuuu a la caja
y esto no hace más que empezar
la tercera trabajadora habla sobre la escena de la película
de ayer, describe cada detalle con esmero, nada le da ver-
güenza, a nadie le da vergüenza

mientras tanto la gorda italiana se menea a paso lento
hacia la rampa, con una sonrisa seductora en la cara,
pronto llegará muy pronto

la ya no joven muchacha, que soy yo, está muy cerca del suelo, tan cerca que siento el frío de las baldosas en la mejilla, es como una ráfaga de viento y tal vez sea una ráfaga de viento a través de los interminables campos de lavanda

amiga
¡qué ilusión!

y

médica
¡no!

y

el que ha entrado con las flores
aaaaa

primera trabajadora
se ha corrido, se ha corrido como un rey, mañana
tocará un nuevo vestido

el segundo tramoyista trae del otro lado del escenario un torso de plástico del que cuelga un precioso vestido de verano amarillo brillante de la boutique stella

la primera trabajadora se acerca al segundo tramoyista, quita el vestido del maniquí de plástico y se lo pone

*luego se acerca al tramoyista que con el ramo de flores ha
ocultado la violación brutal, y le quita el ramo
ella allí de pie, guapa, con el bonito ramo de flores en la
mano
el que ha entrado con las flores se levanta, se cierra la bra-
gueta, se acomoda la camisa, se acerca a ella y le dice que
es guapa*

    el que ha entrado con las flores
eres guapa

    primera trabajadora
eres guapa, me dice, y yo me río, me río porque
solo tengo que aguantar un poco más

    médica
¡no!

presión atmosférica

    enfermera
¡no! exclama la médica que sigue luchando a brazo partido por la vida de la muchacha, sigue luchando a brazo partido por la vida de la
muchacha, todos nosotros, aquí estoy, dando todo de mí, todo, no te mueras, me oyes, no te
mueras, repito, no quiero que mueras, no quiero
que mueras, aguanta un poco más, aguanta, le

voy persuadiendo en pensamientos, aquí estoy,
contigo, va a morir, no quiero que muera
y no puedo más, no puedo
no tengo adónde huir, y ahora lo que más me
gustaría sería irme lejos, dejarlo todo, huir
miro a la médica, esforzándose en vano, aún no
sabe que está esforzándose en balde, no quiere
aún saberlo, ella dando el callo por ella, pero la
joven vida de aquí ya ha cruzado, me temo
ya no lo sé, pero mañana cuando vea el teléfono
de la muchacha, veré que su última llamada fue
para la polla más bonita del mundo, mañana, mañana me enteraré que esta joven muchacha y yo
por lo menos hemos compartido largas noches

todavía nos faltaría por enseñar una escena de la mujer se-
sentona, con un precioso vestido rojo de la boutique stella
sentada a una mesa íntimamente ilumidada, enfrente de
ella está janez sentado y se cogen de la mano, dos copas de
vino tinto, una vela, palabras suaves que no podemos oír

todavía nos faltaría por enseñar una escena de jolanda con-
templando con atención un juego de tazas de café de porce-
lona, en el que hay un motivo artístico de pequeñas flores
rojas, azules y blancas, soltando unas risitas tontas
pero lo que ella ve, nunca lo sabremos

y por último nos faltaría por enseñar una escena de zvez-
dana arreglando su escaparate, el marido de la médica si-
gue pensando en cómo reaccionar ante el hecho de que su
mujer lo engaña

un muslo, otro muslo, fijuuu a la caja

un campo interminable de lavanda

mar

sol

un velero rojo con velas blancas

inhalación y exhalación de una bocanada de humo

la gorda italiana ha llegado a la rampa, mira al público
pero no dice nada todo lo que tenía que decir, ya lo ha di-
cho

y ya para terminar de verdad nos faltaría por enseñar una
escena de la joven muchacha que acaba de soltar su último
suspiro

la ya no joven muchacha finalmente se estrella contra el
suelo

¿fin por fin?

ÍNDICE

PUBLICACIONES DE LA ASOCIACIÓN
DE DIRECTORES DE ESCENA
www.adeteatro.com
Últimos títulos publicados

Serie: «Literatura dramática»

Nº 123 "ANÍBAL / MEHMED II"
de Pierre C. C. de Marivaux
Edición y traducción de Lydia Vázquez

Nº 124 "EL DIABLO COJUELO"
de Luis Vélez de Guevara
Versión escénica de Jesús Gómez Gutiérrez y Aitana Galán

Nº 125 "EL LEGADO / LA PRUEBA"
de Pierre C. C. de Marivaux
Edición y traducción de Lydia Vázquez

Nº 126 "TEATRO SUFRAGISTA BRITÁNICO"
Edición y traducción de Verónica Pacheco Costa

Serie: «Literatura dramática iberoamericana»

Nº 80 "LA ODISEA SEGÚN MARCO MANICIO"
de Agustín Iglesias

Nº 81 "AMBIENTE FAMILIAR (MÍNIMO 2 NOCHES)"
de Aitana Galán y Jesús Gómez Gutiérrez

Nº 82 "LOS AMANTES SARNOSOS"
de Agustín Iglesias

Nº 83 "ANTÁRTIDA"
de Raúl Hernández Garrido

Serie: «Premios Lope de Vega»

Nº 22 "LA FELICIDAD DE LA PIEDRA", de Alberto Miralles
"LOS BRUJOS DE ZUGARRAMURDI", de Fernando Doménech
Edición de José Gabriel López-Antuñano

Nº 23 "PICOSPARDO'S", de Javier García-Mauriño
"NO FALTÉIS ESTA NOCHE", de Santiago Martín Bermúdez
Edición de Julio Checa Puerta

Nº 24 "EN EL HOYO DE LAS AGUJAS", de José Luis Miranda
"RECREO", de Manuel Veiga
Edición de Salomé Aguiar

Serie: «Premios de teatro Rafael Dieste»

Nº 10 "FOOTING" / "FOOTING",
de Gustavo Pernas Cora (Edición bilingüe galego-castellano)
Edición de Manuel Forcadela.

Nº 11 "MATANZA" / "MATANZA",
de Roberto Salgueiro (Edición bilingüe galego-castellano)
Edición de Roberto Pascual

Nº 12 "A CIENCIA DOS ANXOS" / "LA CIENCIA DE LOS
ÁNGELES"
de Imma António (Edición bilingüe galego-castellano)
Estudio preliminar de Manuel F. Vieites.

Nº 13 "FINAL DE PELÍCULA" / "FINAL DE PELÍCULA",
de Gustavo Pernas Cora (Edición bilingüe galego-castellano)
Edición de Manuel Forcadela

Serie: «Debate»

N° 33 "LA MIRADA CREADORA ANTE LA
ESCENIFICACIÓN"
Edición de Jara Martínez Valderas, Marga del Hoyo Ventura y José
Manuel Teira Alcaraz

N° 34 "20 DIRECTORES ROMPEDORES DE LA EUROPA
DEL ESTE"
Edición de Kalina Stefanova y Marvin Carlson

N° 35 "DE LO DRAMÁTICO A LO POSTDRAMÁTICO. LA
ESCENA DEL SIGLO XXI (2)"
de José Gabriel López Antuñano

Serie: «Teoría y práctica del teatro»

N° 41 "ADRIÀ GUAL. TEORÍA ESCÉNICA"
Edición de Carles Batlle y Enric Gallén.
(Coedición ADE / Institut del Teatre)

N° 42 "EL BALLET ROMÁNTICO EN EL TEATRO DEL
CIRCO DE MADRID (1842-1850)"
de Laura Hormigón

N° 43 "ADOLFO MARSILLACH: ESCENIFICAR
A LOS CLÁSICOS (1986-1994)"
de Mariano de Paco Serrano

N° 44 "EL ACTOR BORBÓNICO (1700-1831)"
de Joaquín Álvarez Barrientos

N° 45 "LA TEORÍA DRAMÁTICA. UN VIAJE A TRAVÉS DEL
PENSAMIENTO TEATRAL"
de Jaume Melendres
(Coedición ADE / Institut del Teatre)